Alicia Barreto Cabrera

Paranormal – Geschichten nach wahren Begebenheiten

story.one – Life is a story

story.one

ISBN: 978-3-7115-4012-6

Nichts macht so viel Angst wie Veränderung. Und nichts bietet mehr Chancen.

INHALT

Queen Mary - Check-in

„Analeigh, ich hab´s getan. Ich habe gebucht." Mit diesen Worten weckte mich mein Mann an einem sonnigen Morgen in Washington. Ich erinnere mich so genau daran, denn die Sonnentage kann man hier an einer Hand abzählen. Wir waren frisch verheiratet und konnten es kaum erwarten, die Flitterwochen anzutreten. Die Auszeit würde uns beiden guttun. John wurde auch dieses Jahr nicht bei der Wahl des Abteilungsmanagers berücksichtigt und ich fragte mich, wie oft er diese Demütigung noch ertragen könnte, bis ihm klar werden würde, dass in einem Unternehmen wie *Harper and Sell* jahrelange Loyalität und Fleiß nicht so sehr zählten wie Beziehungen. Auch bei mir konnte es besser laufen. Die letzten Wochen auf der Intensivstation des *Howard University Hospital* waren hart. Patienten wurden nur mittelmäßig versorgt und dementsprechend häuften sich schlechte Bewertungen und Beschwerdebriefe von empörten Angehörigen. Belohnt wurden wir mit weiteren Kürzungen. Das bedeutete weniger freie Tage und Zulagen, dafür aber mehr

Verantwortung und Stress. Ich hatte beinahe ein schlechtes Gewissen meinen Kolleginnen gegenüber, als ich mich in den wohlverdienten Urlaub verabschiedete. Meine langjährige Freundin und Kollegin Susanne nahm mich, wie immer etwas zu lange, in den Arm und wünschte mir erholsame Flitterwochen und eine reibungslose Trauung. Ich lachte und entgegnete: „Selbst die schlimmste Hochzeitsreise ist noch besser als das hier, Suzi." Ich hatte ja keine Ahnung. Die Zeremonie war so traumhaft, wie wir es uns gewünscht hatten. Dementsprechend beflügelt machten wir uns an die Planung der Flitterwochen. Früher schnallten John und ich uns die Backpacks auf und machten uns völlig ohne Vorbereitung und Organisation auf den Weg. Wir ließen uns einfach treiben und entschieden spontan, wohin es uns als Nächstes verschlug. Nun, mit Mitte 30 und unseren durchschnittlich bezahlten Angestelltenjobs, wollten wir nichts mehr, als einfache Entspannung. So entschieden wir uns das erste Mal in unserem Leben für eine Kreuzfahrt. Jahrelang machten wir uns über diese schwimmenden Touristenhochburgen und die Leute, die diese buchten, lustig. Nun erschien uns nichts so attraktiv, wie zehn Tage lang mit gekühlten Cocktails bedient zu werden und am Pool zu liegen, während man uns Tagesausflüge vom nächsten Hafen aus organisierte. Am besagten Morgen sprang ich aufgeregt aus dem Bett und legte meine Arme um Johns Schultern, der breit grinsend am Laptop saß und mir die Buchungsbestätigung präsentierte. Da stand es schwarz auf weiß: „Das Team der Queen Mary II freut sich auf Sie." So ging es am Abend des 20. Juli 2012 für uns zum Flieger, welcher uns nach Los Angeles bringen sollte. In Long Beach erwartete uns am nächsten Morgen unser Kreuzfahrtschiff und es war tatsächlich noch größer und imposanter, als gedacht. Nach dem Check-in wurden wir zu unserer Kabine begleitet. Unsere Hochzeitsgäste waren sehr großzügig, sodass wir uns von den Geldgeschenken eine wunderschöne Außenkabine leisten konnten. Der Concierge schob unser Gepäck schnellen Schrittes in Richtung der Zimmer. Wir folgten ihm und kamen schließlich vor einer breiten Tür mit goldenem Knauf zum Stehen. Auf einer glänzenden Plakette stand es in etwas abgeblätterten Ziffern: B340.

Queen Mary - Suite B340

Der freundliche Concierge überreichte uns den kleinen goldenen Schlüssel zu unserer Kabine. Gespannt schlossen wir sie auf und mussten beide etwas über die Tatsache schmunzeln, dass ein so stattliches Kreuzfahrtschiff wie die Queen Mary noch nicht mit elektronischen Schließsystemen arbeitete. „Wenn das dann alles wäre?" Der Concierge wirkte plötzlich angespannt und sichtlich in Eile. Zu meinem Unbehagen lehnte er das Trinkgeld ab und machte keine Anstalten, uns mit dem Gepäck in die Kabine zu begleiten. Als wir diese betraten, trauten wir unseren Augen kaum. Uns erwartete kein gemütliches Zimmer mit einem netten Ausblick, wie es ursprünglich in der Buchung angekündigt war. Stattdessen befanden wir uns in einer riesigen Suite mit Balkon, separatem Schlafzimmer und einem Badezimmer, das größer war als unser Wohnzimmer in Washington. In der Annahme, dass es sich hierbei um eine Verwechslung handeln müsse, trat ich noch einmal auf den Flur, um den Concierge auf den unglücklichen Fehler aufmerksam zu machen, doch von diesem gab es weit und breit keine Spur mehr. Verwundert sah ich in beide Richtungen aber der spärlich beleuchtete Flur war leer. Ich nahm unsere sorgfältig vor der Tür abgestellten Koffer und zog sie kopfschüttelnd in die Suite, denn ich war mir sicher, den Mann noch wenige Sekunden zuvor vor unserer Tür gehört zu haben. Die Verwirrung hielt nicht lange an, denn einen Augenblick später wedelte John mir aufgeregt mit einer Klappkarte entgegen, auf der in kalligrafischer Schrift „Herzlich willkommen, Mr. und Mrs. Andrews" stand. Eindeutig keine Verwechslung. Mein argloser Ehemann nippte bereits am Begrüßungscocktail und flanierte so selbstverständlich über den Balkon, als würde er schon seit Wochen hier wohnen. Ich freute mich darüber, ihn so entspannt und glücklich zu sehen, etwas in mir hatte aber bereits da ein merkwürdiges Bauchgefühl. „Du machst dir einfach zu viele Sorgen, Analeigh", stellte mein Mann beim Frühstück am nächsten Morgen fest. Ich hatte in der ersten Nacht ungewöhnlich schlecht geschlafen und konnte nicht beschreiben, woran es lag, denn eigentlich verlief bislang alles mehr als perfekt. Dennoch fühlte ich eine riesige Anspannung in mir und konnte mich dadurch kaum auf die vielen Eindrücke einlassen. Möglicherweise hatte John recht und ich merkte erst jetzt, wie hart die letzten Wochen waren. Vielleicht benötigte sowohl mein Körper als auch mein Kopf erst einmal eine gewisse Zeit zum Akklimatisieren. So beschloss ich, uns beiden zuliebe, einfach etwas zu entspannen und buchte mir am Nachmittag eine Massage im Spa. Der gesamte Bereich duftete nach Sandelholz und im Hintergrund liefen Naturklänge. Bereits beim Ausziehen wurde ich ruhiger, legte ich mich auf die Liege und freute mich auf eine halbe Stunde Wellness. Wenig später betrat jemand den Raum und plötzlich wurde es ungewöhnlich kühl. Sofort stellten sich meine Nackenhärchen auf. Umso mehr sehnte ich mich nach den heißen Steinen, die ich gleich auf meinem Rücken erwartete. Auf das, was dann folgte, war ich allerdings nicht vorbereitet.

Queen Mary - Mysteriöse Erscheinungen

Zwei eiskalte, nasse Hände legten sich auf meine Schulterblätter. Reflexartig schreckte ich hoch, wurde jedoch sofort wieder zurück in die Liegeposition gedrängt. „Entschuldigung, aber hier drin ist es etwas frisch. Könnten Sie vielleicht ..." Noch bevor ich den Satz beenden konnte, bohrten sich Fingernägel wie messerscharfe Klingen in meinen Rücken. Ich schrie vor Schmerz und sprang auf, bereit mich der Person zu stellen, die mich angegriffen hatte, doch ich befand mich allein in dem kleinen abgedunkelten Raum. Ich sah mich panisch um, doch es war niemand zu sehen. Wasser tropfte von der Liege und bildete auf dem Boden eine kleine Pfütze. Mein hysterisches Geschrei hatte sämtliche Mitarbeiterinnen angelockt und unter Tränen versuchte ich zu schildern, was geschehen war, ohne dabei wie eine Irre zu klingen. Ich spürte jedoch die besorgten Blicke, die die Frauen untereinander tauschten, und gab schließlich auf. Nachdem das Personal zigmal die Sicherheit des Bereichs betonte, entschuldigte ich mich für mein Benehmen und gab vor, mich etwas kränklich zu fühlen. Noch immer geschockt, machte ich mich auf den Weg in unsere Suite, ohne zu bemerken, dass ich weiterhin nur mein Saunatuch trug. „Die Massage tat gut", log ich John an und ging auf direktem Wege ins Bett. Auch in der zweiten Nacht machte ich kaum ein Auge zu. Ich suchte noch immer nach einer logischen Erklärung für das, was im Massageraum passiert war, blieb dabei jedoch erfolglos. Es muss etwa vier Uhr gewesen sein, als ein Geräusch aus dem Badezimmer mich aus dem Schlaf riss. „Würdest du bitte die Tür schließen, wenn du im Bad bist?", fuhr ich meinen Mann an, realisierte jedoch schnell, dass dieser tief atmend neben mir lag. Plötzlich saß ich kerzengerade im Bett und horchte in die Dunkelheit. Ich hatte nicht geträumt. Noch kurz zuvor konnte ich deutlich den laufenden Wasserhahn hören, nun war da nichts als Stille. Ich weiß nicht mehr, woher ich den Mut nahm, aber wenig später ging ich bereits auf das Badezimmer zu. Ich drehte den Wasserhahn, der noch leicht tropfte, zu und sah mich um, als hinter mir die Tür zuklappte. Sofort rannte ich hinaus auf den Flur und konnte gerade noch das weiße Kleid und die braunen langen Haare der Frau sehen, die um die Ecke bog und offenbar vor mir weglief. Zielstrebig folgte ich ihr. Ich erwartete nicht mehr, sie noch einzuholen, wurde aber überrascht, denn am Ende des Flures stand sie und schaute mich an. Anders als vermutet, war die Einbrecherin keine Frau. Die Person war tatsächlich noch ein Kind, unmöglich älter als zwölf Jahre. Es war beinahe so, als würde sie auf mich warten, bevor sie durch die Tür, die zum oberen Außendeck des Schiffes führte, verschwand. Nur wenige Augenblicke später tat ich es ihr gleich und spürte die kühle salzige Meeresluft. Ich betrat das Außendeck, sah mich um und legte meine Arme um meinen Oberkörper, denn ich hatte die Temperaturen in der Nacht auf dem offenen Meer unterschätzt. Plötzlich hörte ich hinter mir Schritte. Erschrocken drehte ich mich um und starrte in einen grellen Lichtkegel.

Auf dem Schiff Queen Mary II berichten Hotelgäste immer wieder von mysteriösen Erscheinungen und unerklärlichen Vorfällen. Die Suite B340 blieb deshalb sogar bis 2018 für Gäste gesperrt.

Queen Mary - Geisterstunde

„Kann ich Ihnen helfen, Ma`m?" Der Mann vom Sicherheitsdienst nahm mich mit seiner Taschenlampe ins Visier und sah mich fragend an. „Entschuldigung, aber jemand war in unserem Zimmer. Ich habe sie noch gesehen, sie ist gerade durch diese Tür", erklärte ich, denn trotz meiner Aufregung war mir nicht entgangen, dass der Sicherheitsbeauftragte etwas argwöhnisch wirkte. Klar, ich stand hier barfuß im Pyjama und verfolgte nachts um vier Uhr ein Kind. „Ma`m, ich kann Ihnen versichern, dass sich auf diesem Deck keine weiteren Personen befinden." Als er meinen Blick sah, fuhr er fort: „Ich weiß nicht, was auf den Decks weiter oben los ist, dort sind meine Kollegen zuständig, aber seien Sie beruhigt, dass ich die Lage hier unten gut im Blick habe, Ma`m." Ich sah mich nochmals um, musste aber erkennen, dass wir in der Tat zu zweit auf dem dunklen Deck standen. So begab ich mich beschämt in unsere Kabine zurück und ließ mich, immer noch fröstelnd, wieder ins Kissen sinken. Das alles fühlte sich allmählich an wie der schlimmste Alptraum, aus dem ich scheinbar nicht aufwachte. Ich fiel in einen unruhigen, kurzen Schlaf, hatte aber immer wieder verstörende Träume. Am nächsten Morgen konnte ich nicht mehr sagen, was ich wirklich erlebt und was sich in meinem Kopf abgespielt hatte. Am Frühstücksbuffet war es an diesem Tag deutlich voller. Die Menschen standen in Grüppchen an den Tischen und das Hotelpersonal jonglierte die gefüllten Tabletts hektisch durch den Parcours aus Tischen und Menschentrauben. Die Stimmung übertrug sich sofort auf uns, denn selbst mein sehr gelassener Mann schien zu spüren, dass etwas vorgefallen sein musste. Vereinzelt schüttelten ältere Damen den Kopf, einige hielten sich übertrieben die Hand vor den Mund. Eigentlich waren weder John noch ich große Liebhaber von Klatsch und Tratsch, doch heute wollten auch wir nicht uninformiert bleiben. Wir fragten das Paar am Tisch neben uns, ob sie wüssten, was hier los sei. Dramatisch senkte die Frau ihre Stimme und streckte ihren Kopf in unsere Richtung, sichtlich erfreut über die Tatsache, dass sie die erste war, die eine wichtige Botschaft überbringen konnte. „Letzte Nacht ist ein schrecklicher Unfall passiert. Ein junges Mädchen ist im Pool ertrunken. Es ist furchtbar. Ihre Eltern werden noch im Krankenflügel behandelt, die beiden sind völlig am Ende. Die Gordons wollen heute früh gesehen haben, wie sie den Körper des Mädchens wegtrugen. Ihre braunen Locken und das blasse Händchen lugten wohl unter dem Laken hervor." Eifrig nickend fügte der Mann hinzu: „Genaueres konnte man noch nicht sagen, aber man geht davon aus, dass es um etwa drei Uhr passiert sein muss." Mein Körper war wie gelähmt. Was das Paar weiter berichtete, drang nur noch wie durch Watte zu mir durch. Um drei Uhr. Wie war das möglich, wenn ich sie eine Stunde später noch an Deck gesehen hatte?

Der Appalachian Trail - Erste Tage

14.03.2022. Aufregend. Dies ist mein erster Tagebucheintrag. Ab morgen trete ich meine bisher längste Wanderung an. Ich starte hier in Georgia und beende den Appalachian Trail nach 3.500 Kilometern in Maine. Meine beste Freundin Lauren hatte die Idee, das Ganze in einem Vlog zu dokumentieren. Ich war jedoch schon immer ein Fan vom Analogen also kaufte ich dieses Tagebuch und schreibe meine Gedanken auf, wann immer mir danach ist. Später werden meine Enkel diese Zeilen möglicherweise noch lesen. Wer weiß? Ich habe heute früh in einem günstigen Hostel hier am Springer Mountain eingecheckt und werde meine Wanderung kurz vor Sonnenaufgang starten. Ich bin bestens vorbereitet. Dad und ich haben etwa dreizehn Treffpunkte entlang des Trails vereinbart und bin unfassbar dankbar für seine Unterstützung, denn ohne regelmäßige Verpflegung, neue Powerbanks sowie frische Klamotten wäre das Ganze hier sicher nicht machbar. Auf meine Eltern konnte ich schon immer zählen. Nach der Highschool ermöglichten sie mir ein Jahr in Australien und Neuseeland, bevor ich aufs College ging. Dort entdeckte ich auch meine Liebe zum Wandern und Erkunden neuer Orte. Seither habe ich mit 26 Jahren bereits viel von der Welt gesehen. Wer hätte gedacht, dass die Wanderung hier in den USA am meisten Geld und Vorbereitung kosten würde?

31.03.2022. Meine zweite Woche neigt sich dem Ende. Bislang klappt alles wunderbar und ich liege gut in der Zeit. Die Natur ist wie zu erwarten atemberaubend und ich treffe viele andere Wanderer. Ich bin froh über die Entscheidung, dieses Abenteuer hier zu wagen. Heute habe ich mein Zelt auf einem kleinen Hügel aufgeschlagen. Hier ist es zwar etwas windiger, aber ich habe einen guten Überblick über die Umgebung und fühle mich sicher. Mit anderen Wegbegleitern zu sprechen ist zwar hilfreich und ich konnte mit einigen Tipps tatsächlich auch schon etwas anfangen, einige verunsichern mich jedoch mit ihren Horrormärchen. Über den Appalachian Mörder, der vor einigen Monaten hier sein Unwesen trieb, habe ich vor meinem Aufbruch gelesen. Ich kann mich nur zu gut an die Diskussionen mit meinen Eltern erinnern, die deshalb sehr besorgt waren. Aber hey, wie wahrscheinlich ist es, dass innerhalb weniger Monate zwei solcher kranken Typen hier herumrennen? Letztlich konnte ich meine Eltern mit der Tatsache überzeugen, dass die Ranger und örtlichen Police Departements seither noch wachsamer geworden sind. Okay, es ist gleich Mitternacht und ich sollte mich definitiv mit etwas schöneren Geschichten befassen. Gute Nacht.

20.04.2022. Ich sollte mir wirklich öfter die Zeit nehmen und meine Eindrücke und Gefühle hier niederschreiben. Nachdem ich den ganzen Tag gewandert bin und abends dann mein Zelt aufgeschlagen habe, bin ich oft so müde und erschöpft, dass ich nach wenigen Minuten Scrollen am Handy einschlafe. Ich gelobe Besserung, versprochen.

Der Appalachian Trail - Auf anderen Wegen

12.05.2022. Ein Tagebuch reicht kaum aus, um all die Eindrücke aufzuschreiben, die ich in den letzten Wochen gesammelt habe. Ich versuche nicht allzu viele Fotos zu machen, um meinen Smartphoneakku zu schonen, das gelingt mir allerdings nur bedingt. Alle Bilder, die ich während meiner Vorbereitungen gesehen habe, spiegeln nicht annähernd das wider, was ich hier täglich sehe. Die Appalachen sind einfach atemberaubend schön. Die dichten Wälder, die Seen und zum Geräusch von Regen und Wind einzuschlafen, erdet mich so sehr. Ich fühle mich immer sicherer auf meinen Wanderungen, schaue selten auf die Karte, denn ich habe das Gefühl, eins mit der Natur zu sein. Ich folge einfach meinem Bauchgefühl und meinen Instinkten. In vierzehn Tagen treffe ich Dad wieder am nächsten Rastplatz und ich freue mich bereits auf frische Wäsche und neuen Proviant. Die Treffen sind jedes Mal so schön, denn tatsächlich vermisse ich langsam meine Freunde und Familie. Neben all den Erlebnissen kann ein solches Abenteuer auch verdammt einsam sein.

16.05.2022. Kaum zu glauben. Heute habe ich mich zum ersten Mal etwas verlaufen. Das geht hier schnell, denn die Wälder sind im Frühjahr dank der Wärme und des regelmäßigen Regens bereits so grün und dicht, dass die Wanderpfade schon nach wenigen Metern nicht mehr zu sehen sind. Das macht mir aber keine Angst, denn ich treffe täglich andere Menschen und laut meiner Karte laufe ich noch in die richtige Richtung. Ich vertraue einfach weiterhin meinem Orientierungssinn. Für diesen wurde ich schon damals bei den Pfadfindern gelobt. Morgen ist ein neuer Tag.

20.05.2022. Es sind bereits vier Tage vergangen, seit ich das letzte Mal einen Punkt auf meiner Karte wiedererkannt habe. Auch Google Maps lässt mich hier oben etwas im Stich. Offenbar ist der Internetempfang nicht der beste, weshalb ich morgen unbedingt wieder ein Tal finden muss, wo der Empfang besser wird. Zum Glück habe ich noch genügend Powerbanks und Verpflegung im Gepäck. Ausnahmsweise bin ich heute den ganzen Tag noch keinem anderen Menschen begegnet. Aktuell regnet es aber auch in Strömen. Nicht das beste Wetter, um vor die Tür zu gehen.

23.05.2022. Planlos geht mein Plan los. Ich verabschiede mich vom Gedanken, meinen Dad am vereinbarten Treffpunkt zu sehen, denn ich scheine in eine komplett andere Richtung zu laufen. Ich musste meine Strategie deshalb etwas ändern und habe mir vorgenommen, einfach so weit zu laufen, bis ich wieder auf einem befestigten Wanderpfad lande. Von dort aus werde ich den nächstgelegenen Ort ansteuern und meinem Vater dann einfach meinen Standort senden, wenn ich bis dahin wieder Empfang habe.

Der Appalachian Trail - Mysterium

24.05.2022 Ich habe unterschätzt, wie elendig weitläufig die dichten Wälder hier sind. Mein Plan war, so weit durch den Wald zu laufen und mich konsequent nördlich zu halten, bis ich auf die nächste Ortschaft treffe. Mein Kompass zeigt mir allerdings jedes Mal eine andere Himmelsrichtung an. Fast so, als hätte auch dieser hier die Orientierung restlos verloren. Ich habe den Eindruck, dass der Wald nicht mehr enden will und ich im Kreis laufe. Jeder Baum sieht plötzlich gleich aus und ich kann absolut nicht ausmachen, ob ich hier schon entlang gelaufen bin oder mich auf neuen Pfaden befinde. Eigentlich müsste ich mich in wenigen Tagen mit meinem Vater treffen, denn meine Powerbanks neigen sich langsam dem Ende. Eine ist noch vollgeladen. Ich hoffe, dass ich morgen endlich eine Ortschaft finde. Ich muss dringend telefonieren oder immerhin eine verdammte SMS senden können.

26.05.2022 Ich glaube, ich bin den ganzen Tag im Kreis gelaufen. Die dichten Wälder fühlen sich plötzlich nicht mehr nach Freiheit an. Sie machen mir stattdessen Angst. Ich fühle mich permanent beobachtet und habe den Eindruck, von etwas oder jemandem verfolgt zu werden. Vorhin bildete ich mir ein, im Augenwinkel eine Gestalt hinter einem Baum zu sehen, konnte bei genauerem Hinschauen jedoch niemanden entdecken. Ich versuche einen kühlen Kopf zu bewahren und bei meinem Plan zu bleiben, die nächste befahrene Straße zu finden.

27.05.2022 Langsam verlassen mich mein Verstand und meine Fähigkeit rational zu denken. Nachdem ich gestern Abend mein Zelt aufgebaut habe, habe ich deutlich eine Stimme gehört. Ein lautes Pfeifen. Ich bin mit meiner Taschenlampe draußen auf die Suche gegangen, habe allerdings nichts und niemanden sehen können. Ich hätte mich längst mit meinem Vater treffen müssen. Stattdessen irre ich hier im Wald herum und habe absolut keine Ahnung, wo ich bin. Sicher werde ich bereits gesucht. Meine Eltern müssen krank vor Sorge sein und es macht mich beinahe wahnsinnig, dass keine meiner SMS gesendet werden kann.

Warum zur Hölle habe ich seit Tagen schon keinen Empfang mehr? Das hier fühlt sich an wie ein Albtraum. Und dazu diese elendig hohe Stimme, die mich nicht mehr loslässt. Es klingt, als würde jemand Höllenqualen leiden. Das Rufen und qualvolle Stöhnen geht mir bis ins Rückenmark

28.05.2022 Heute Mittag ist etwas zwischen den Bäumen an mir vorbeigehuscht. Erst vermutete ich ein wildes Tier und bin deshalb auf meinem Weg geblieben. Eben konnte ich die dunkle Gestalt jedoch wieder wahrnehmen. Diesmal haben mich meine Sinne ganz sicher nicht ausgetrickst, denn anders als die letzten beiden Male habe ich es nicht nur aus dem Augenwinkel gesehen.

2013 wird eine Wanderin auf dem Appalachian Trail vermisst. Zwei Jahre später wird ihre Leiche entdeckt. Nur wenige Meter entfernt vom Treffpunkt mit ihrem Mann. Wie es dazu kam, bleibt ungeklärt.

Der Appalachian Trail - Das Ende

01.06.2022 Ich bin nicht mehr klar bei Verstand. Ich werde hier verfolgt. Ich spüre es. Ich höre, wie es aus den Büschen flüstert. Beinahe als würde jemand versuchen, mich anzulocken. Oder werde ich irre und bilde mir alles ein? Ich kann meine Gefühle nicht beschreiben. Ich habe keine Angst mehr. Ich habe das Bedürfnis, nach den Stimmen zu sehen. Ihnen zu folgen. Ich habe so einen unbeschreiblichen Hunger.

Maine Daily Post. 14.03.2024. Am Donnerstagmorgen meldet der Förster George Cornell der örtlichen Polizeibehörde einen seltsamen Fund. Am Fundort zeigten sich Überreste eines verwitterten Zeltes. In dem darin befindlichen Schlafsack werden menschliche Knochen entdeckt. Nach wenigen Tagen der Ermittlungsarbeit bestätigt Kevin Davis, Sprecher des Portland Police Departements, dass es sich hierbei um die seit 2022 vermisste Jessica Brown handle. Die damals 26-Jährige war nicht zum vereinbarten Treffpunkt mit ihrem Vater erschienen, sodass dieser umgehend eine Vermisstenanzeige aufgab. Das Verschwinden der jungen Frau, die sehr viel Wandererfahrung hatte, löste eine massive Suchaktion aus. Hunderte Freiwillige sowie Fachleute durchkämmten wochenlang die Wanderwege der Appalachen - ohne Erfolg. Später wurden Hundestaffeln sowie Hubschrauber eingesetzt. Trotz der Bemühungen blieb die Suche zwei Jahre lang erfolglos. Der Fall Jessica Brown wirft zudem viele Fragen auf. Der Fundort der Leiche war nur wenige Meter vom ursprünglich vereinbarten Treffpunkt entfernt. Weiterhin bleibt ungeklärt, wieso die Wanderin nicht in der Lage war, einen Notruf abzusetzen. Beim Einschalten des Telefons, welches sich im Zelt befand, zeigten sich zahlreiche SMS, die aus unerklärlichen Gründen nicht abgesendet werden konnten. Durch die direkte Lage an einem Rastplatz, welcher von vielen Wanderern als Treffpunkt genutzt wird, sei der Mobilfunk in diesem Gebiet für gewöhnlich gut, bestätigt Cornell, welcher seit fünfzehn Jahren als ortsansässiger Förster tätig ist. Auf dem berühmten Appalachian Trail kommt es seit Jahrzehnten immer wieder zu mysteriösen Unfällen und dem Verschwinden von Wanderern. Davis bestätigt, dass im Fall Jessica Brown ein Tod durch Fremdeinwirkung ausgeschlossen werden konnte. Man geht bislang davon aus, dass diese der nächtlichen Kälte sowie dem Hungertod erlegen sei. Warum die 26-Jährige so nah am Treffpunkt plötzlich die Orientierung verlor, bleibt jedoch weiterhin ungeklärt.

Die Insel der Puppen - Einleitung

„Ist es jetzt schon zu spät für einen Rückzieher?" Daniel grinst mich breit an, insgeheim wissen wir beide, dass er nicht scherzt. Auf Reisen bin in der Regel ich der Abenteurer und er der Vernünftige, der am liebsten alles doppelt checkt. Risiken meidet mein Freund deshalb, wo er nur kann. Umso größer war meine Überraschung, als er dem Mexiko Trip so ohne Weiteres zugestimmt hat. Ich hatte schon immer eine Schwäche für das Reisen. Vor sieben Jahren schmiss ich das College und ließ das Stipendium, das Footballteam und jegliche Erwartungen anderer hinter mir, um die Welt zu entdecken. In Singapur lernte ich dann den sicherheitsliebenden, peniblen Daniel kennen, der dort als Sous Chef eines Sterne Restaurants arbeitete. Gemeinsam zogen wir nach zwei Jahren Fernbeziehung in ein Appartement in Manhattan. Ich betreibe einen ziemlich erfolgreichen Urbex Blog, für den ich verlassenen Orte und Gebäude bereise und über diese schreibe. Das Ganze halte ich jedes Mal auf Fotos und in Vi-

deoaufnahmen fest. Die Menschen lieben un-
heimliche und angsteinflößende Orte und
Typen wie mich, die diese für sie erkunden,
während sie zu Hause gemütlich und sicher auf
der Couch liegen. Anfangs habe ich lediglich
über ganz gewöhnliche Reisen geschrieben, bis
dann ein Video von mir und dem sogenannten
„Selbstmordwald" in Japan viral ging. Seither
zieht es mich nur noch an Orte, die eine tragi-
sche Geschichte haben, an denen Geister ihr
Unwesen treiben sollen, die bekannt sind für
paranormale Ereignisse. In meinen aktuellen
Recherchen geht es um die berühmte Insel der
Puppen, die sich in Mexiko City befindet. Da
mein Herz ohnehin für Latein- und Südameri-
ka schlägt, waren die Flugtickets schnell gebucht und zum ersten Mal begleitet Daniel
mich. Wir sind beruflich in letzter Zeit sehr
eingespannt, worunter unsere Beziehung stark
litt. Ich schätze, dass Daniel deshalb seine
Ängste vor Mexiko und der dort herrschenden
Kriminalität beiseiteschob. Um ihm zu zeigen,
wie viel mir das bedeutet, versprach ich ihm,
die Reise so sicher wie möglich zu gestalten und
verzichte dieses Mal auf Touren im Alleingang.
Beim Urbexen übertrete ich oft die Grenzen des
Legalen, wenn ich in Gebäude eindringe, um
heimlich Aufnahmen für meinen Blog zu ma-

chen. Ich liebe den Nervenkitzel und das Gefühl, die Stimmungen und Energien ohne Ablenkung auf mich wirken zu lassen. Nur so schaffe ich es, authentische und spannende Geschichten zu schreiben und Videos zu drehen, die meine Follower lieben. Für unseren Tagestrip zur Puppeninsel habe ich vor einigen Wochen einen Mann namens Fernando ausfindig machen können, welcher vor Ort lebt. Da die Insel und deren Geschichte noch nicht allzu bekannt ist, existieren keine offiziellen Touren. Dementsprechend war es schwierig, jemanden zu finden, der bereit ist, uns zu begleiten. Nach tagelanger Recherche geriet ich an eine Frau namens Maria, die unweit der Insel lebt und Kontakt zu Fernando hat. Es brauchte unzählige Versuche, bis sie schließlich ein Treffen zwischen uns vermitteln konnte.

Die Insel der Puppen- Das Treffen

Fernando ist 54 Jahre alt und der einzige Bewohner der Insel. Mit ihm beginnt unsere Geschichte. Wie vereinbart treffen wir uns zur Mittagszeit an den Kanälen von Xochimilco. Früher befand sich hier ein See, welcher durch Entwässerungsmaßnahmen weitestgehend trockengelegt wurde. Heute erstreckt sich an dessen Stelle ein Netz aus Kanälen. Die Moorlandschaft mit ihren kleinen daraus entstandenen Inseln ist nun zum Naturschutzgebiet erklärt worden. Dieses befindet sich am Stadtrand von Mexiko City. Fernando empfängt uns sehr herzlich, aber sichtlich nervös. Er berichtet uns, dass wir die ersten Touristen seien, denen er einen Einblick in sein Leben gewährt. Mit einem kleinen Boot steuern wir die größte der Inseln an. Je mehr wir uns dem Ufer nähern, desto stiller wird es, bis der Stadtlärm gänzlich hinter uns verschwindet. Ein seichter, schleifender Klang unter unseren Füßen signalisiert uns, dass wir nun an Land aufgelaufen sind. Mit einem alten, bemoosten Seil befestigt Fernando das hölzerne Boot an eine aus dem Wasser ragende Baumwurzel. Gemeinsam betreten wir die Insel, welche nahezu gänzlich aus Wald besteht. Bereits hier werden wir von Puppen begrüßt, die über unseren Köpfen an den Ästen hängen. Einige davon sind alt und beschädigt, andere wiederum wirken, als wären sie just in dem Moment erst aufgeknüpft worden. „Fühlt sich an, als würden sie uns beobachten", flüstert Daniel mir zu, ohne den Blick von den Bäumen abzuwenden. Und tatsächlich scheint es, als würden die starren, glasigen Puppenaugen uns verfolgen. Ich versuche, so viele Eindrücke wie möglich mit meiner Kamera einzufangen. Nach einem etwa fünfminütigen Fußmarsch erreichen wir eine kleine Holzhütte inmitten der Baumlandschaft. Fernando zieht einen bunten, aus vielen Flicken bestehenden Vorhang zur Seite und gewährt uns mit einer Handbewegung Einlass. Die Hütte erinnert mich an das Baumhaus im Garten meiner Eltern. Der Geruch vom Holz und das Licht, das durch die einzelnen provisorisch aneinander gehämmerten Bretter ins Innere fällt, verschlägt mich sofort zurück in meine Teenager Zeit. Homosexuell zu sein ist in einer Metropole wie New York City nichts Besonderes, in den Südstaaten hingegen wird dies noch immer verachtet. Schlimmer ist es nur noch, die Demokraten zu wählen. So verbrachte ich die Zeit nach der Schule oft im Baumhaus und gab vor, mich hier mental auf das nächste Footballspiel vorzubereiten. Das Klirren der schmutzigen Gläser, die uns Fernando mit Wasser befüllt, reißt mich wieder aus meinen Gedanken. Wir setzen uns und nochmals versichere ich mich, ob es in Ordnung sei, wenn ich meine Kamera mitlaufen lasse. Amerikaner sind hier in Mexiko nicht besonders beliebt. Dass Fernando seine Geschichte mit uns teilt, ist deshalb keine Selbstverständlichkeit. Ich schätze, dass er einfach dankbar ist, dass jemand bereit ist, ihm zuzuhören. Hier in Mexiko City betitelt man ihn als Spinner, der im Alkoholrausch seinen Verstand verlor. Das führte dazu, dass er sich immer weiter zurückzog und die Insel nur noch dann verlässt, wenn es absolut nötig ist, beispielsweise für Einkäufe auf dem Markt. Familie und Job ließ er hinter sich. Mein Bauchgefühl sagt mir allerdings, dass ich ihm Glauben schenken und seine Geschichte erzählen sollte.

Die Insel der Puppen - Das Mädchen

Alles begann mit den Entwässerungsmaßnahmen am Xochimilco See, an denen Fernando vor einigen Jahren mit seinen Kollegen arbeitete. Er lebte in einer kleinen Wohnung im
Stadtkern, zusammen mit seiner Frau Louiza
und der gemeinsamen Tochter Susanna. Die
Arbeit für Mexikos Wasserwirtschaft wurde gut
bezahlt und für die Stadt zu arbeiten bedeutete,
mehr gesellschaftliches Ansehen als in anderen
Jobs. Fernando lächelt müde, als er von seiner
Vergangenheit erzählt. „Das Leben war gut.
Uns fehlte es an nichts", fährt er fort. Alles än-
derte sich vor mehr als zehn Jahren. Er war
dabei, einen der Kanäle von Müll zu befreien.
Mit dem Trockenlegen des Sees kam jede
Menge Unrat zum Vorschein, welchen die Arbeiter täglich aus den Gewässern fischten. Er
habe einen Kinderschuh entdeckt und streckte
die Hand danach aus, sagt Fernando gestikulie-
rend. Als er den Schuh zu fassen bekam, spürte
er einen Widerstand und zog etwas fester.
Dabei entblößte sich ein Anblick, den er nie

wieder vergessen würde. Zwischen Schlamm und altem Baumgeäst zog der Arbeiter den leblosen Körper eines kleinen Mädchens an Land. Vermisste Kinder sind in Mexiko City keine Seltenheit. Meinen Recherchen nach ist die Dunkelziffer aller Jungen und Mädchen, die nie wieder heimkehren, immens. Ob es sich um einen tragischen Unfall handelte oder um eines von vielen Gewaltdelikten, wurde nie geklärt. Fernando erzählt, dass die Regierung nicht besonders motiviert sei, solche Fälle aufzuklären. Drogenkartelle handeln bereits seit Jahren mit den Organen entführter Kinder. „Am Ende gewinnt immer das Geld und unsere Regierung verdient daran mit", sagt er und lässt dabei den Blick aus dem Fenster schweifen, welches zur Hälfte mit einem alten Geschirrtuch abgehängt ist. „Ich sehe das tote Mädchen seither jeden Tag. Sie verfolgte mich anfangs nur in meinen Träumen. Später habe ich ihren Geist nahezu überall gespürt", erzählt Fernando. „Es ist, als würde sie keine Ruhe finden." Zuerst war ihre Erscheinung friedlich, sei nur hin und wieder in Spiegeln oder Fensterscheiben zu sehen gewesen. Später spürte Fernando kalte Windzüge, hatte nach dem Aufwachen Schmerzen in der Brust und fühlte sich müde und kraftlos. Auch seine Familie begann sich allmählich unbehaglich in der gemeinsamen Wohnung zu fühlen. „Susanna wachte immer wieder auf und weinte. Sie weigerte sich irgendwann, in ihrem Zimmer zu schlafen." Auf die Frage, ob er seiner Familie je von den Erscheinungen des toten Mädchens im Kanal erzählte, schüttelte Fernando den Kopf. „Ich wollte meine Frau nicht beunruhigen. Sie machte sich ohnehin zu viele Sorgen und ich war mir sicher, dass dieser Albtraum bald aufhören würde, wenn nur etwas Zeit verging" In den darauffolgenden Wochen verschärfte sich die Situation. Die junge Familie wurde immer öfter von mysteriösen Geräuschen in der Wohnung geweckt. Manchmal war es ein lautes Weinen, hin und wieder auch ein helles Kinderlachen. Gläser fingen an von den Regalen zu fallen und das Spielzeug seiner Tochter verschwand spurlos, tauchte später an den ungewöhnlichsten Orten wieder auf. „Es verging kaum ein Tag, an dem es bei uns zu Hause ruhig blieb. Dann kamen die Puppen ins Spiel."

Die Insel der Puppen - Das Puppenspiel

Wie jeden Tag fuhr Fernando zu den Kanälen und untersuchte diese auf groben Unrat. Als er am besagten Hauptkanal ankam, entdeckte er eine Kinderpuppe. Das sei nicht ungewöhnlich, meint er. Oft landen Hausmüll oder verlorene Gegenstände der Stadtbewohner in den Gewässern und werden zu den Inseln gespült. Hin und wieder haben Fernando und seine Kollegen schon wahre Schätze aus den Kanälen bergen können. Vor dem Untersuchen dieses einen Kanals habe er jedoch seit dem tragischen Fund immer wieder Unbehagen verspürt. Das Entdecken der Puppe ließ ihn deshalb etwas nervös werden, gibt er zu. Dennoch warf er sie in die Container zum restlichen Müll. Als jedoch am nächsten Tag eine weitere Puppe angespült wurde, die beinahe identisch aussah, glaubte Fernando nicht mehr an den Zufall und hob sie auf. „Diese Hütte existierte schon damals. Wir hielten hier zur Mittagszeit unsere Siesta", sagt Fernando und sieht sich dabei um. „Ich versteckte die Puppe in einer Kiste hinter einem der Regale. Eine Stimme in mir sagte, dass ich sie nicht wegwerfen durfte". Schon bald stellte die Regierung die Entwässerungs- und Wartungsarbeiten an den Kanälen ein. Fernando hingegen fuhr dennoch täglich mit dem Boot zur Insel, besessen von der Annahme, dass die Seele des kleinen Mädchens in Form der Puppen mit ihm kommunizierte. „Es wurden jeden Tag die unterschiedlichsten Puppen angespült und ich hängte sie an die Bäume, um das kleine Mädchen zu besänftigen." Je mehr Zeit er auf der Insel verbrachte, desto mehr distanzierte sich seine Frau von ihm. Fernando verlor sich immer weiter in seiner Aufgabe, die Puppen auf der Insel zu verteilen. Er glaubte, dass er den Geist des Kindes so auf der Insel halten und damit seine Familie zu Hause schützen könne. Anfangs dekorierte er die Kinderpuppen liebevoll an den Bäumen, knüpfte ihnen aus alten Jutesäcken Kleider und wusch ihnen den Schmutz vom Gesicht, bevor er sie aufhing. Als die Albträume und Schmerzen auch nach Monaten nicht ausblieben, wurde Fernando wütend. Er trennte den Puppen Gliedmaßen ab und schnitt sie auf. Um den Geist des Mädchens zu warnen und abzuschrecken, hing er die verstümmelten Puppen an seine Hütte, in der er mittlerweile wohnte. In der Stadt begann man über ihn zu reden. Das Kunstwerk, welches er auf der Insel erschuf, blieb nicht lange im Geheimen und schon bald sprach man nur noch von dem Trinker, welcher nach seiner Arbeitslosigkeit den Verstand verloren hatte. So entschied Fernando, dass es für seine Familie das Beste wäre, wenn er ihr fernblieb. Seither lebt er hier als einziger Bewohner der „Insel der Puppen", wie sie von den Leuten in Mexiko City getauft wurde. Mit der Präsenz des toten Mädchens habe er sich abgefunden, sagt er. „Sie erscheint mir täglich. Sowohl in meinen Träumen als auch, wenn ich wach bin. Sie wird mich begleiten, bis ich tot bin", winkt Fernando ab. Draußen dämmert es bereits und wir beschließen, zu unserer Unterkunft in der Stadt zurückzukehren. Nach einer kurzen Bootsfahrt verabschieden wir uns von Fernando und bedanken uns für seine Zeit und das Vertrauen. Im Bus sieht Daniel nachdenklich aus dem Fenster und ich bin mir sicher, dass er den Tag heute ebenso verarbeiten muss wie ich.

Im Jahr 1951 findet der Fischer Julián Santana Barrera ein totes Mädchen am Ufer eines Kanals. Bis zu seinem Tod 2001 lebt er als einziger Bewohner auf der Insel, verfolgt vom Geist des Mädchens.

Die Insel der Puppen - Fieber-traum

Nachdem wir uns noch einige schöne Tage auf der Halbinsel Yucatan gemacht haben, befinden wir uns nun auf dem Weg zum Flughafen. Der Strand und das ausgezeichnete Essen taten uns gut und ich habe seit Langem wieder das Gefühl, dass Daniel und ich uns sehr nah sind. Ihn auf diese Reise mitzunehmen und an dem, was ich beruflich erlebe, teilhaben zu lassen, war die richtige Entscheidung. „Deine Follower werden diese Story lieben, Chris, das weiß ich. Diese Geschichte ist so tragisch und unheimlich zugleich" , versichert mir Daniel, nachdem er mich eine Weile von der Seite gemustert hat. Niemand kennt mich so gut wie mein Partner und vermutlich hat er mein Grübeln gespürt. Ich frage mich, wie man Fernando unterstützen kann. Es fühlt sich nach Raub an, mit seiner schicksalhaften Story in der Tasche das Land zu verlassen und damit jede Menge Geld zu verdienen. Ich entscheide mich dazu, der Frau, die das Treffen zwischen uns arrangiert hat, noch einmal zu mailen. Ich möchte ihr zum einen für ihre Mühe danken und zum anderen um ihre Mithilfe bitten, den Ruf von ihm wieder zu rehabilitieren. Auf mich wirkte Fernando nicht im geringsten, als wäre er ein Verrückter. Nachdem ich die Mail abgesendet habe, lasse ich mich in den Sitz sinken und denke noch einmal über die vergangenen Tage nach. Nur wenige Minuten später reißt mich der Klang meines Smartphones aus den Gedanken. Eine Antwort. Das ging schnell, stelle ich fest, und öffne sie prompt. Die nächsten Sekunden fühlen sich an wie ein Fiebertraum. Marias Worte lassen mein Herz so heftig pochen, dass ich meinen Puls im Kehlkopf spüre. „Hallo Chris. Ich hätte dir gern geholfen. Fernando ist vor zwei Tagen verstorben. Er scheint im Hauptkanal gestürzt und ertrunken zu sein. Mehr ist nicht bekannt. Es tut mir leid, dass du es so erfährst. Kommt sicher nach Haus. Maria." Daniel und ich sehen uns einige Sekunden lang wortlos an. Vielleicht auch einige Minuten, ich kann es nicht mehr sagen. Im Hauptkanal. Ertrunken. „Ich bin unendlich froh, dass wir diesen Ort wieder verlassen. Das ist mir eindeutig zu unheimlich. Das kann doch unmöglich ein Zufall sein?", entgegnet mein Freund, der nun nervös auf seinem Sitzplatz umherrutscht. „Vielleicht hat er wirklich etwas zu viel getrunken. Ich kann es verstehen. Er war einsam und hat seit Jahren Albträume", beruhige ich Daniel, während ich seinen Rücken streichle. Insgeheim habe ich denselben Gedanken. Einen mehrstündigen Flug später kommen wir erschöpft in unserem Appartement an. Daniel geht nach der Dusche sofort ins Bett. Ich hingegen kann noch nicht schlafen, setze mich für eine Weile vor den Fernseher und lasse mich von Jimmy Fallon etwas berieseln. In meinem Kopf sind die Bilder der verstümmelten Kinderpuppen, die von den Bäumen hängen. Meine Augen werden schwer und ich lasse meinen Kopf auf die Sofalehne fallen. Das Bild von Fernando erscheint vor meinen Augen. Er sieht mich mit seinem breiten, zahnlosen Lächeln an. Die braungebrannte Haut um seine Mundwinkel wirft tiefe Falten. Plötzlich verdüstert sich seine Miene und er blickt mir über die Schulter. Ich drehe mich um und blicke in das fahle, graue Gesicht eines kleinen Mädchens. Ihre milchigen Augen füllen sich mit Tränen und ihr lautes, schrilles Weinen reißt mich aus dem Schlaf. Ich sitze wieder kerzengerade auf der Couch. Mir schmerzt die Brust.

ALICIA BARRETO CABRERA

Alicia Barreto Cabrera ist eine Autorin aus Hamburg. Im März 2024 erscheint ihr Debüt Fang an dein Leben zu romantisieren. Mit dem Schreiben schafft sie sich einen kreativen Ausgleich zur Tätigkeit als Intensiv- und Anästhesieschwester. Mit ihrem zweiten Werk stellt sich die Autorin einer neuen Herausforderung, indem sie sich an das Schreiben einer fiktiven Geschichte wagt.

Loved this book?
Why not write your own at story.one?

Let's go!

Zeitfracht Medien GmbH
Ferdinand-Jühlke-Straße 7
99095 Erfurt, Deutschland
produktsicherheit@kolibri360.de